AF200595

Für Lukas und Jasper

Abseits befestigter Wege Steinwilde finde ich

Ausgewählte Gedichte

von

Jürgen Sanders

BoD – Books on Demand, Norderstedt, 2017

Bibliographische Information der Deutschen
Nationalbibliothek:
Die Deutsche Nationalbibliothek verzeichnet diese
Publikation in der
Deutschen Nationalbibliographie; detaillierte
Informationen sind im Internet über
http://dnb.dnb.de/ abrufbar.

© Jürgen Sanders, 2017

Satz und Gestaltung: Lukas Maximilian Sanders

Herstellung und Verlag: BoD – Books on Demand,
Norderstedt

ISBN: 978-3-744837897

Abseits befestigter Wege

Heimlich überwundene
Wortsperren bei Nacht
Stillgelegte Werke
Abseits befestigter Wege
Steinwilde finde ich
und suche

Im Schatten

Lyrik ist ein
zartes Pflänzchen
braucht wenig Licht
doch viel Liebe

Mein inneres Kind

Wortwild
sprachverspielt
und frei
Das Kind in mir
muss toben
schreiben

Unbeschwert

Will nicht mehr
Mensch sein
ich will tieren
Fledern nachtigallen
eulen
bei Vollmond
mit den Wölfen heulen
am Morgen faltern
pirolieren

Begegnung am Strand

Grelle rote blaue gelbe
innerirdische Gestalten
zwergen kobolden am Strand
tanzen mit den Wolken
auf den Wellen
zu wildem Sturmgesang

Possen

Das ist ein
Narrendreschen
Spiegel über Spiegel
abgefüllt in Säcke

Im Stroh
da spielen Kinder
strecken uns
die Zunge raus
machen lange Nasen

Aus dir

Du schreibst so
jung und wild
aus dir ergießen sich
die Abwässer der Seele
Wortausscheiden
am Ende des Sagens

Der Engel

Er hat dich verengelt
sah dich am Himmel
Du trafst ihn im Hausflur
verbargst deine Flügel
Er sah dich schweben
du gingst zur Schule

Unter Tage

Eingefahren
unter Tage
ich ersteige
einen Gipfel
Sonne Weite
zeitlose Stille
ein unvergänglicher Blick
Verborgen
im tauben Gestein
finde ich
versteinertes Licht

Beflügelt

Spannst
die geworteten Flügel
so weit lässt sich steigen
tönendes Gleiten
über das Singen
hinaus

Übermut

Spüre Windlust
unter meinen Füßen
Vogelmütig
lasse ich mich
steigen

Vor dem Fenster

Baumgeworden
stand ich
vor dem Fenster
Meine Mutter
wischte täglich Staub
Zarte Knospen
große weiße Blüten
Vaters Ohren
waren für mich taub
Hatte schon
im Frühling
welke Blätter
Nachbarn standen
hinter den Gardinen
Meine Eltern
fegten heimlich Laub

Kindertümer

Wild tanzt Vaters Kleiderbügel
auf dem nackten Po
und immer lächelt
mit strafendem Blick die Mutter
Schmeichler, Überhaarestreichler
eure langen Schatten fallen
Abgestorben, Stein geworden

Alleingelassen

Schweigst mich nieder
dir zu Füßen
über mir
dein grauer Blick
Du schließt mich ein
sprichst Wände

Reden ist Silber

All das Bessergewusste
dein mildes Überlächeln
Fühle mich kleinwütig
schweige mein Gold

Mein Riese

Kirschblütig ist mir
ich liege im Garten
die Luft ist grasig
Bienen summen
über Rosen
tölpeln Falter
Du trittst vor die Sonne
schattest mich aus

Verschwiegen

Die Hütte das Bett
der Junge der Mann
Hastend gieren
Lippen Hände
entblößte Gewalt
erdrückende Nähe
Du bringst mich um
meine Seele

Der Schulmeister

Sitzt über den Köpfen
stolzt durch die Reihen
schlägt zu
mit lederner Zunge
Zerlacht, stellt bloß
verteilt das Gnadenlob
Sie schauen auf zu ihm
mit nieder
geschlagenen Augen
antworten mit
gekreuzigter Stimme

Ins Gras

Trittst in die
Wutstapfen Kind
lange Schritte
ihr Stampfen lässt zittern
gräserne Nachbarn
die Nadel im Heu
wird dich finden

Lass mich

Du trittst in meinen Schatten
Du fällst mir ins Schweigen
Du greifst in mich ein

Lass dich aus mir
Lass mich bei mir
Lass mich sein

Individualisten

Wir kaufen euch
alles ab
schweigen uns ein
in die Reihen
wir lieben
das Besondere
sind einzigartig
gleichgeschritten

Fortschritt

Es hegelt
himmlische Hölderlinge
prasseln auf uns nieder
Wir schreiten auf
der Stelle fort
der Sonne
der Freiheit
entgegen

Himmel auf Erden

Wenn wir stehen
Kind an Kind
mit Sanftmut
in den Händen

Der Kleinkrieg ist
ein Stiefelmann
reißt sich stampfend
auseinander

Der Kirchturm

Das große Glockensterben
unter Trümmern begraben
vergangenes Läuten
Die Turmuhr stehen geblieben
im Immer
Das Kreuz gebrochen
Schöne Aussicht

Schmetterlinge

Wo sind weißt du noch im
Frühling
flatterten vorbei auf Wiesen
Blumenfreunde bunte Falter

Blütenspanner Blumen bieten
Großer Fuchs und Admiral
Gifte sich Geheimnis an

Kein Duft lockt mehr es fliegt
zieht an
kein Trauermantel mehr vorbei
kein Postillion es war einmal

Einzeln und frei

Wir stehen zusammen
im Schweigen
werfen uns Schatten zu
manchmal klopft ein Specht
Harz fließt aus
offenen Wunden
wir nadeln
ins Heu
Sind wir nicht Bäume

Der Weise

Ein unter Bäumen verstreuter
einst großer Bedeuter
nun Asche und Staub
unter rottendem Laub
offenbart sich uns
aus Zweigen
wir schweigen
und lauschen
dem weisen Blätterrauschen

Vater

Teilnahmslos
Stumm
Ein starrer Blick
Ins Nichts
Verlegte Gedanken
Erinnerungen
Bilder
Und immer wieder
Das Vergessen von heute
Immer wieder

Heimat

Behagnis
borstig
Widerland

Ich träume
und friede

Vergessen

Efeu wächst über Gras
verwitterte Steine
ich lausche
Gräber stellen Fragen
an das Schweigen

Am Bahndamm

Wir sinken
ins Sternige
blühendes Moos
unter Licht
wächst die Zeit
über Gras
totes Gleis

Der Tod

Tod schlägt
aus dem Haus
sich in der Straße
nieder
Strenges Wehen
dunkle Schritte
Tief verhüllt
in Schweigen
macht er sich davon

Teuflisch

Schlangenlupe
nahendes Würgen
ein Griff
aus der Hölle

Im Kreis

Und immer warte ich
auf etwas
das ich kaum
erwarten kann
Endlos dreht sich
die Gedankenmühle

Auszeit

Die Stunden liegen
quer vor mir im Tag
er lässt sich nicht beginnen
Die Zeit läuft weiter
sie vergeht
ich bleibe ratlos
vor ihr stehen

Ratlos

An der nächsten Straßenecke
eine dich stellende Frage
auf dem Bahnsteig
in einer fremden Stadt
Schuldig bleibst du
die Antwort und gehst

Zeichen

Ich geheimnisse
verrätsle mich
in Spuren
Finde Zeichen
unlesbare
löse Knoten
auf zu Knoten
schweige

Ohne Abschied

Stieflichter am Tagrand
scheinhelles Verglimmen
Du lässt mich allein
zurück im Haus
mit Brettern
vor den offenen Fragen

Wohin

Wir glauben an nichts
verweilen im Eilen
die Zeit steht kopf
ein stiller Augenblick
rasch in den Weg gestellt
wird überrannt
wir sind die Ruhe los
gelassen aus dem Tritt
und müssen weiter
auf der Stelle
immer weiter

Taumel

Bilder kreisen
winden sich
aus starren Blicken

Steine fallen
durch die Hand
ins Wolkengreifen

Überunter
finde Halt
an Windgeländern

Tag und Nacht

Der Tag verbringt die Nacht
mit Falten
Sonnenstrahlen
glätten Sorgen
Der Gesang des frühen Vogels
rettet einen Wurm
Wolkentiere ziehen langsam
auf dem Himmelsfluss vorüber
leuchten auf in Röte
sind bald im Schwarz versunken

Fahrten

Es tieft ins Schwarze
Sumpfnacht droht uns
wenn wir fahren
unter Tage
und wieder heim
zum Licht

Du und ich

Ich sonne
ich monde
ich sterne
dir schnuppe

Windwehe
sturmflute
und du schweigst

Ich und du

Ich rinne
und verrinne
du versiege

Du duftest
und verduftest
ich verfliegst

Verlassen

Schwere Schweigetage
im Schattenselbst
versunken
Augenhändig
suche ich
nach dir

Ins Leere

Dein Stimmfuß schmerzt
mit schweren Schritten
näherst du dich mir
und fällst

Meine Worthand schreit
stammelt auf dich zu
und greift
ins Leere

Aufgetaucht

Du gingst ins
Scheidewasser
tauchst auf
als Flossenfüßer
Warum kommst du
an Land

Liebeslüge

Mit kalter Tinte
schreibe ich
ein Nichts aus Worten
auf weißes Papier

Mit glühenden Wangen
liest du
ein Liebesgedicht
auf rosa Papier

Entzweit

Wir sind uns
fortgegangen
viel zu weit war dir
mein Kragen
viel zu eng war mir
dein Mieder

Abschiedsbrief

Ein buchstabiges Scheingebinde
schickst du mir
Gesäusel
Spurlos verschwunden
hinter der Stirnwand
blendet das Leben aus
für einen Augenblick
dazwischen

Eines Tages

Vor der Tür fand ich
dein Herzlaub
Aus der Ferne hörte ich
den blechernen Gesang
einer eisernen Nachtigall
Ich war fensterlos
und ohne Blicke
Doch Erinnerungen vergessen
sich
verlieren ihre Spur
Eines Tages schicke ich dir meine
in Schmerz gebundenen
fest verschnürten
Gedanken und Gefühle
spanne ein Pferd vor die Augen
und sprenge hinaus
ins Leben

Böse Blicke

Streifende Stille
strafende Blicke
Einsamzeit
stelle dich vor
meine Sicht
kopfurteile
fingerzeige mich

Scham

Umstachelt
von Menschen
durchdornt
von Blicken
schließe ich
die Augen
zerfließe
versickere
im Boden

In der Stadt

Aus dem Kopfhaus
auf die Straße
streife über
fremde Haut
Hände greifen
wirre Stimmen
Finger zeigen
ich muss fliehen
in den Hauskopf
mit dem Aufzug
elfter Stock
zurück zu mir

Tag für Tag

Jeder Tag wirft mich
ins Leere
staple Stille
Wenn die Nacht kommt
lege ich mich leiden

Zu mir

Ich gehe heim
zu mir
durch meine
dünne Haut
nach all den
fremden Blicken
unter meine Seele

Ausgebrannt

Ich bin nur noch
ein Schatten
eingebrannt
in den Sand
überlassen
dem Wind
und den Wellen

Verloren

So durchnachtet
verglimmend
auf schwelenden Wegen
Verteilt und
entsorgt unter
streunenden Zweiflern

Im Sand

Ich schaue in die
brüllende Sonne
die Farben sinken
ins Grau
ich verblasse

Wo ich vorhin noch stand
zwei Fußabdrücke
in Gedanken

Freigang

Zellwände schließen
mich aus
ich verliere
die Gitter aus dem Blick
Sehe mich hungrig
an künstlichen Welten
vertreibe mir
die Einsamzeit
mit fremdem Leben

Der Apfel

Lass dich nicht apfeln
die Kerne
in deinem Gehäuse
Fruchthämatome
an deiner Schale
gestern noch Druckstellen
nun braune Flecken
Der Wurm frisst sich tiefer
in dir Gewimmel
schälen und vierteln
der rotbraune Apfel
beißt zu

Buchstabensuppe

Gewährten sie mir Einsicht
in mein Leben
Buchstabennudeln schwammen
auf einer klaren Brühe
vereinigten sich
zu Silben Wörtern Sätzen
Über mich las ich nichts
Die Versammlung
verurteilte mich
Hatte die Suppe auszulöffeln
Schlürfend schmatzend aß ich
uneinsichtig

Vorbei

Es ist viel Nacht
in diesem trüben Tag
ich kann im Nebelgrauen
kaum etwas erkennen
selbst du
hebst dich nicht ab
es löst dich auf

Verlassen

Staubgewollt warst du
verlassenes Land
Dürre im Herzen
kein Regen
Ein sengender Blick
du hattest kein Leben

Ausgelöscht

Verbrannte Schatten
Die Asche verweht im Wind
Tiefschwarzer Regen

Zugvögel

Ein Mauersegler überkreuzt
den Schwarm der
ziehenden Vögel
ihr Flugschatten streift
meinen Blick
Herbstnah leuchten
Milchglaswolken
über mir
ein letztes Mal
die Kraniche kreisen

Auf der Streuobstwiese

Schlangenlupe
zweifelndes Gift
apfelmütig
scheint dir
Gut und Böse
in der Hand
du hast die Wahl
weißt
du musst sterben

Sehnsucht

Still ziehst du
Schatten in dich
Schweigen
legst dich zur Nacht
aus Stein
versehnt in ein
vergangenes Lächeln

So still

Du gehst so still
ins Lodern
legst dich
zu den Flammen
brennst
um dein Leben

Warten

Die Stunden
rinnen durch
Siebesstille
Was bleibt?

Am Strand

Die Weite ferner Gedanken
unter den Steinen
Das Wehen der Blicke
im Wind der Begegnung
am Strand
Wellen sind wir
Spuren im Sand
Gefunden und verloren

Auf offener See

Dein wogendes Lachen
im Meer
ich ertrinke
Ein Wort
kann mich retten
von dir
zugeworfen

Blicke

Du willst mich erstarren
entblößende Blicke
Ich möchte mich
auflösen eins sein
mit dem Nebel
Sanft birgt mich
ein liebender Blick

Untertagen

Liegst unter
längst verfüllten
Steinstaubtagen
stellst dir vor
nach Feierabend
auszufahren
wünschst dir
Blumen Bäume Vögel
einen blauen Himmel
möchtest wieder
Sonne tragen

Auf und davon

Satzfallensteller
Wortverschwörer
unterwegs im
Schreibgetümmel
Versfüßler stimmeln
leicht davon
worteln sich durch
Sprachgelage

Der Krieg

Der Krieg
ist schon
uralt

Hoffentlich
stirbt
er bald

Wege

Weggabelungen
Zweifelgänger
sehe ich dort stehen
Sie gehen in sich
laufen im Kreis
auf Spiralen

Nie wieder

Hatte mein Leben
weggeschnippt
und ausgetreten
Nie wieder
sagte ich
und nahm mir vor
gleich damit
anzufangen

Aufbrechen

Sprachfüßler
aus dem Schweigen
brechen auf
zu neuen Zielen
verslüstern
windhändig
frei

Ab heute

Meine müden
Schuhe stehen
vor dem Bett
sie atmen schwer
Ich wasche
meine Füße
und beschließe
Ab heute
gehe ich zu Kopf

Neugeboren

Wenn aus
lastender Schwarznacht
der Tag bricht
Hoffnungsgrauen
dir Sonne verspricht
beginnst du wieder
zu leben

Frei

Lässt dich frei
treibst
blattgelöst
im Wind
wo immer hin

Fernweh

Du bist radgedreht
ins Weitgereiste
aus dem Fluss gestiegen
in den weißen Wüstensand
Den Schatten quer
über das Land gespannt
suchen deine Hände
endlos
es ist nicht mehr weit

Befreit

Schweifendes Leben
zum Fasslosen streben
aus eisernen Ringen
ins Freilichte springen

Zeiträume

Lass uns Tage dieben
stehlen wir uns Zeit
verwahren sie
bis morgen

Stunden vergehen
Räume entstehen
dehnen sich aus
ins Unerwarten

Vor dem Aquarium

Ich schwimme
mit den Fischen
hinter Glas
rede mit dem Wasser
über Sand und Wind
aus Flossen werden Flügel

Lieben

Lass die
Gedanken Gefühle
nicht um dich
selbst kreisen
lass sie frei

Sehnlust

Roman küsst Marie
poetisch
blumt ein Blau
von alten Zeiten
sucht ein Sehnen
nach dem Mond
er geht
so still

Wie ich dich beneide

Du liebst dich
fast noch mehr
als ich
Wie ich dich
beneide
wir lieben
dich beide

Deine Worte

Masken
erdröhnende Stimmen
sie hassen
behutsamten sind
deine Worte
du liebst

Wehen

In den Stamm
gesprochen
und wir zweigen
Durch die Blätter
Atemworte wehen

Zuflüchtig

Nichts konnte dich
aufhalten
Weder Mauern
noch Minen
kein Meer
Zuflüchtig
kamst du
liefst mir direkt
in die Arme
Bleib hier

Einklang

Wellen wolkenlang dahin
und himmelweit
Du erlachst mich
ich erlache dich
wir stimmen

Im Wind

Wir sind uns
leichtgefallen
zugeweht aus
allen Wolken
Zwei Silben
ein einziges Wort
im Wind

Am Morgen

Ich möchte mit dir
unter Tassen klappern
bis wir überschwappern
mit viel Milch und Zucker
uns vergießen
dampfend
ineinanderfließen
und dann still mit dir
den Kaffee danach genießen

Im Zerrspiegel

Dein weiches Spaßgesicht
schrecklicht ernst
und lang gezogen
gestaucht
spiralig lachend
breit
dein riesenroter Mund
eine Lippenweide

Engel

Die Unumwundene
trägt Herztief
sie dringt durch
wortabweisende Augen
ihr Lächeln durchlichtet
blickdichte Seelen

Mit allen Sinnen

Bereiten den Staunraum
den Kindern
sie treten ein
mit allen Sinnen
tasten sich vor
in hüllende Stille
hören und sehen
mit schmeckenden Händen

Weihnacht

Dunkle kalte Nacht
hinter Fenstern Lichterglanz
offene Türen

Licht

Die Nacht wird brechen
Durch die Risse
wächst der Tag
Aus Fleisch und Blut
wird Licht

Dein Wort

Du sprichst zu mir
ein Mundgeleucht
weist den Weg
aus Höhlenstille

Unterwegs

Du bist alle Wege
ein Ziel
Du hast keinen Anfang
kein Ende
Wir sind unterwegs
Du führst uns
zu dir

Der gute Hirte

Und ob ich schon was sollen
Gärten
wanderte und Kinder spielen
durstig suchten wir die Felder

Quellen tote Fische treiben
liegen brach und überhörten
im finstern Tal sind nicht bestellt

Einsam fürchte ich verloren
das leise Plätschern hinter Türen
wir tun kein Unglück stehen still

Des Baches Störfall auf den
Flüssen
werde ich gewiss nicht fallen
denn du bist bei mir Hand in
Hand

Leuchten

Deine Hände
liebsam umborgen
Vogelsingen
das Leuchten Gottes
in den Bäumen

Entschweben

Bunte mich
in Blumen
blüte
Frucht in Fülle
duftentströmt
in Leichte
schweben

Der Wasserfall

Fallende Wasser
Wohlergießen
über Raum und Zeit
in der Klarheit
stiebende Tropfen
glänzende Schleier
ein Regenbogen

Schöne Aussicht

Übertannte Hügel
es riecht pilzig
farnweit blicken wir
der Himmel ruht
auf Wolken
es wird blau
Überflug der Schwalben

Oktober

Ich lasse dir
dein Still und Ruhen
liebelang
die Wolken ziehen
Blätter fallen
aus dem Sommer
in den kalten Wind
Doch die Sonne
stillt die Seelen
mit Oktober
taucht sie ein in
goldwarmes Licht

Ruhen

Ich bin ins
Einst geflossen
verplätschert
in Stille
umhöhlt
ruht der See

Zeitlos

Ruhende
über den Zeiten
ein Vogel aus
schwebender Stille
ein treibendes Boot
auf dem Meer

Glück

Es ist ein Fortgetragensein
im Ruhen
eine Reise durch den
ausgedehnten Augenblick
zufallendes Glück

Unter Bäumen

Hoch über mir im Blau
Schwalben fliegen zweieinander
Himmelsboten aufgestiegen
aus dem Reich der Toten
Sie entschwinden meinen Blicken
wandeln sich zu alten Bäumen
stammgewaltige Vertraute
Hoher Priester Blätterrauschen
grüngeborgen bin ich
möchte ewig lauschen

Warmes Licht

Hartherzen wir
und steinen
um uns
Schweigemauern

Vollherzig
sprichst du lächelnd
warmes Licht
in jeden Riss
durch jeden Spalt

Lichter

Die Tage werden länger kurz
und kürzer
sonnenflüchtiger
nachtnäher
Zeit der Kerzen

Heimkehr

Ins Licht gestellte Liebe
ein Scheinen aus Fenstern
Herzwarm verlasse ich
die Kälte die Nacht
finde heim

Aus tiefer Nacht

Menschen zerspiegelt
in tausend Stücke
setzen sich zusammen
scherbenweise
bleiben blind
Aus tiefer Nacht
schwärzer noch
als schwarze Löcher
fallen sie
in überendlich
sich verströmendes Licht
Sie können wieder sehen

Menschenliebe

Verführt und vertrieben
irren wir im Menschsein umher
Das Inunsböse
der Neid der Hass
Die Liebe
Wir haben die Wahl
nehmen oder geben
haben oder sein
ich glaube
der Mensch
wird dem Menschen
ein Mensch
Uns überlebt
nur die Liebe

Leben

Wolken brechen auf
zu Himmelblau und Sonne
Durch den Regen
wachsen blühen
wird dein Segen
auf uns zu
der Hass steht still
vor Liebe
Es wird Lachen
um uns sein
es will

Ein Licht

Wir müssen in die
Tiefe zweifeln
unterfragen
Sehnen uns ins
Lichtgeschwinde
folgen Tönen
weltentklungen
Ein Licht
in der Stille
es ist
und ruht

Der Weg

Jeden Morgen gehe ich
den gleichen Weg
aufs Neue
folge der alten Spur
und freue
mich auf ein neues Ziel

Altbrunnen

Und wieder fallen
Krähenfüße dir
ins Wandrund
ein versiegter Brunnen
du bist alt
für immer alt

Im Zeitschritt

Der Tag läuft
in die Uhr
Spurlos tickt
der Schritt
die Zeit aus mir
ein Stück
Vergangenheit

Suchen

Im Lärmen
suche ich die Stille
im grellen Schein
das reine Licht
Es wird allmählich
Himmel

Nur ein Traum?

Es scheint eine
ruhende Fläche
durch Wände
in den bewegten
Räumen des Lebens
ein Augenblick im Traum
des alles Vergebens
Gewaschen in Liebe
gehen wir rein
in die Ewigkeit ein

Zurück

Am Ende des
rasenden Dunkels
bricht mir Licht entgegen
Darin entspiegelt sich
mein Leben
Ich sehe mich
zurückentstehen
Ein letzter Schrei
ins Ungeboren

Ewig

Ein Schritt
ins Wandellose
Seelen fallen
aus der Zeit
zu Sein

Es ist

Das Wort ist Stille
wenn es schweigt
nicht Tod
Es ruht
wird zu
neuem Hauch
und Ton

Eine Spur

Die Zeit
davon steht nichts
auf der Uhr
Aus Werden und Vergehen
eine Spur
in Ewigkeit

Ins Licht

Kommen uns näher
engelweise
verwischte Liebesspuren
entlegene Gefühle
fallen aus der Raumzeit
werden Licht

In Ewigkeit

Im Feuer
entfleischlicht
zu Asche und Staub

Heim ins Wort
du wirst Licht
reine Liebe

Zur Neige

Die Schritte werden kürzer
mit den Atemzügen
wie die Jahre

Die Augen werden trüber
mit den Nachtgedanken
wie die Tage

Die Dunkelheit kommt näher
mit der Stille
wie die Nacht

Schweigen

Du hast Stille
angefüllt mit Schweigen
Dein letzter Wunsch
ein tiefes sich Verneigen
vor dem Tod

Am Himmel

Alle deine Geheimnisse
mit dir genommen
gestorben
beweint
und begraben
In die Hölle gefallen
Alle deine Geheimnisse
Ich habe dich
am Himmel
gesehen

Wann

Ich fand dich
zwischen Licht und Schatten
Aus Jenland schautest du
zu mir herüber
Du warst ein Lächeln
das mit dir verging
Wann sehe ich
dich wieder

Friedwald

Unter den Bäumen
fallende Blätter
Gänge und Höhlen
unter dem Laub
Folge den Wurzeln
zum Wasser und trinke
Lehm wird aus Erde und Staub
neues Leben

Jenland

Der Tod
ist ein
Endfang

auch wenn er
uns scheidet
wir werden
den Tod
überlieben

Inhalt

147